Geheim

D1145116

Dirk Nielandt

Geheim gezocht

Tekeningen van Paula Gerritsen

Zwijsen

Vormgeving: Rob Galema
Logo Geheim: Harmen van Straaten

STICHTING NEDERLANDSE
KINDERJURY
2004

qvi 5

Boeken met dit vignet zijn op niveaubepaling
geregistreerd en gecontroleerd door
KPC Groep te 's-Hertogenbosch.

0 1 2 3 4 5 / 07 06 05 04 03

ISBN 90.276.4823.9
NUR 286

©2003 Tekst: Dirk Nielandt
Illustraties: Paula Gerritsen
Uitgeverij Zwijsen Algemeen B.V. Tilburg

Voor België:
Zwijsen-Infoboek, Meerhout
D/2003/1919/62

Inhoud

1. Op zoek

Kato wil een geheim.
Net als de andere kinderen in haar klas.
Ze hebben allemaal wel een geheim.
Of een geheimpje.
Neem nu Tim.
Hij is stiekem verliefd op Paula.
En Paula op Bas.
Maar Bas heeft al met Eva gezoend.
En neem Lotte.
Zij heeft een appel gestolen.
Piet heeft al eens een sigaret gerookt.
Joni en Sofie hebben ook een geheim.
En Mees en Douwe.
Maar niemand weet welk geheim.
Ze praten er niet over.
Kato vindt het niet eerlijk.
Ze wil ook een geheim.
Maar ze kan geen geheim bewaren.
Mam en pap weten alles van haar.
Mam ziet het altijd meteen.
'Hou je iets voor mij verborgen?' vraagt ze dan.
En dan bloost Kato.
Of ze stottert.
Of ze verspreekt zich.
Ze vindt het niet eerlijk.
Ze wil ook iets voor haar alleen.
Iets dat niemand anders weet.
Een echt geheim.

Misschien in de klas?
Wie weet, houdt iemand daar een geheim
verborgen?
Kato gluurt door het sleutelgat.
Er is niemand.
De klas is leeg.
Iedereen is op het schoolplein.
Nu!
Ze sluipt naar binnen en kijkt rond.
Zou de juf een geheim verbergen?
In haar la?
Kato snuffelt in de la.
Potlood, gum, papier, pen.
Niets geheims.
In haar handtas dan?
Nee, dat mag niet.
Maar Kato klikt toch de tas van de juf open.
Agenda, pen, parfum, brief.
Een brief.
Misschien staat er een geheim in de brief?
Zal ze?
Of niet?
Kato twijfelt.
Dan gaat de schoolbel.
Te laat.
Kato zucht.
Weer geen geheim gevonden!

2. Een geheim bewaren

Pap staat te koken.
Kato kijkt op uit haar boek.
'Heb jij een geheim, pap?' vraagt ze.
Pap lacht: 'Ja hoor.'
'Wil je het vertellen?'
'Nee,' antwoordt pap.
'Waarom niet?' vraagt Kato.
'Omdat het dan geen geheim meer is!'
Kato trekt een pruilmond.
'Wacht even,' zegt pap.
'Misschien kan ik dit geheim wel met je delen.'
Kato's gezicht klaart op.
'Je moet me wel beloven dat je het niet aan mam
vertelt.'
'Ik beloof het!'
'Goed dan.
Zoals je wel weet, is mam zaterdag jarig.
Ik heb kaartjes voor het circus.
Maar niet vertellen, hoor.
Het moet een verrassing blijven.'
De voordeur gaat open.
Mam komt thuis van haar werk.
'Hallo!' roept ze.
'Mondje dicht, hoor!' fluistert pap.
Kato knikt.
'Dag lieverds,' zegt mam als ze de keuken
binnenkomt.
'Hoe was het vandaag?'

Mam kijkt naar Kato.
Kato bloost.

Het is bedtijd.
Mam dekt Kato toe.
'Verberg je soms iets voor mij?' vraagt ze.
Kato wordt meteen rood.
'Nee … nee hoor, mam.'
Maar ze struikelt over haar woorden.
Mam glimlacht.
'Ik kom er wel achter,' zegt ze.
Ze geeft Kato een zoen.
'Heb je soms iets op school uitgespookt?'
'Nee,' antwoordt Kato fel.
Mam denkt even na.
'O, ik weet het al!
Zaterdag ben ik jarig.'
'Nou, en?' vraagt Kato.
'Pap heeft me er al over verteld, hoor,' zegt mam.
Kato veert omhoog.
'Heeft ie echt verteld dat we naar het circus gaan?'
Mam glimlacht.
Kato ploft neer in bed.
O, wat stom!
Wat ontzettend stom.
Nu heeft ze het geheim verraden.
En wat was dat sluw van mam.
Wat was dat ontzettend sluw.
'Slaap lekker, schat.'
Mam knipt het licht uit en doet de deur dicht.
Kato ligt met haar ogen wijd open.

Het klopt, denkt ze.
Ik kan geen geheim bewaren.
Ik kan het echt niet!

3. Een geheim stelen

Kato belt bij Loes aan.
Loes is Kato's beste vriendin.
En Loes is vaak alleen thuis.
Dan gaat Kato bij haar spelen.
Loes doet open.
'Hoi!' zegt Kato.
'Hoi,' zegt Loes.
'Zullen we met de computer spelen?'
'Ja, leuk,' knikt Loes.
Ze rennen de trap op.
'Ben ik je beste vriendin?' vraagt Kato.
'Natuurlijk,' zegt Loes.
'Hebben vriendinnen geheimen voor elkaar?'
'Nee joh,' antwoordt Loes.
'Wil je dan een geheim met me delen?'
Loes haalt haar schouders op.
'Ik heb geen geheim,' zegt ze.
'Echt niet?'
'Echt niet!'
'Je hebt toch een dagboek?'
'Dat wel,' zegt Loes.
'Mag ik erin lezen?'
'Nee joh, dat is privé.'
Kato trekt een pruilmond.
'Zie je wel dat je een geheim hebt.'
'Echt niet hoor!' zegt Loes.
'Waarom mag ik het dan niet lezen?'
'Gewoon.

Omdat het privé is!
Er staan gevoelens in.
Dingen waar niemand iets mee te maken heeft.
Daarom!'
Loes kijkt boos.
'Ik ga beneden tv-kijken!' zegt ze.
Ze slaat de deur van haar kamer dicht.
Kato blijft alleen achter.
Ze is ook boos.
Loes is geen vriendin meer, denkt ze.
Ze verbergt iets voor me.
Dat doen vriendinnen niet!
Ze kijkt de kamer rond.
Het dagboek van Loes ligt gewoon op tafel.
Er zit een rood lint om.
Kato trekt het lint los.
Ze bloost.
Dit is fout, denkt ze.
Ik kan het beter niet doen.
Maar ze slaat het dagboek toch open.
Verboden te lezen! staat op de eerste bladzijde.
Kato bladert door het dagboek.
Ze voelt haar hart bonzen.
Ze leest zo snel ze kan.
Loes schrijft iets over haar papa.
Verdriet.
Ruzie.
Gevangen?
Zit haar vader gevangen?
Kato hoort Loes de trap weer opkomen.
Snel.

Dagboek dicht.
Het lint er weer om.
Een knoop in het lint.
Het lukt niet.
Stomme knoop.
Snel nou!
Snel!

Loes trekt de deur van de kamer open.
Kato zit achter de computer.
Loes kijkt haar vreemd aan.
'Waarom bloos je zo?
Je bent knalrood.'
'Het is hier warm.'
Loes knikt.
Ze zet het raam open.
'Ben je nog boos?' vraagt Kato.
'Nee hoor,' zegt Loes.
'Misschien heb je wel gelijk.
Misschien moet ik je in mijn dagboek laten lezen.'
'Ach, het hoeft niet, hoor.
Echt niet.'
Loes glimlacht.
Ze gaat bij Kato zitten.
Kato schaamt zich.
Ze had het niet mogen doen.
Ze had niet in het dagboek mogen lezen.

Op weg naar huis piekert Kato.
Zit de papa van Loes echt achter de tralies?
Wat heeft hij gedaan?

Moet ze er met Loes over praten?
Of met iemand anders?
Of moet ze het geheimhouden?
Het knaagt in haar hoofd.

4. Rotgeheim

's Avonds zit Kato voor de tv.
Mam kruipt naast haar op de bank.
'Wat scheelt er?' vraagt ze.
Kato zegt niets.
'Is er iets mis?' probeert mam weer.
'Nee,' antwoordt Kato.
'Welles.
Ik zie het aan je.'
'Nietes.
Laat me met rust.'
Kato is vastbesloten.
Mam mag het niet weten.
Het geheim moet geheim blijven.
Mam zucht.
'Goed dan.
Als je het echt niet wilt zeggen…'
Ze staat op en loopt naar de keuken.
Juist, denkt Kato.
Ik wil het echt niet zeggen!

Zit Loes' vader in de gevangenis?
Wanneer zag ze hem voor het laatst?
Wat heeft hij gedaan?
Waarom wil Loes er niet over praten?
Schaamt ze zich?
De vragen tollen in Kato's hoofd.
Ze kan de slaap niet vatten.
Ze ligt te woelen in bed.

Mam kijkt nog even om het hoekje van de deur.
'Wat is er, schat?'
'Niets.'
'Waarom praat je er niet over?
Dat lucht op, hoor.'
Nee, denkt Kato.
Ditmaal komt mam het niet te weten.
Ik zeg niets.
Het blijft geheim.
Mam kijkt bezorgd.
'Is er iets naars gebeurd?
Word je gepest op school?
Heb je ruzie met Loes?'
Kato kreunt.
'Laat nou, mam.
Laat me slapen.'
'Ben je verliefd?'
'Ma-ham!'
Mam knikt.
'Goed, ik laat je,' zegt ze.
Ze trekt de deur zachtjes dicht.

Die nacht slaapt Kato onrustig.
Ze droomt van een dief.
Een man met een zwarte muts.
Hij kruipt de kamer van Loes binnen.
Hij steelt haar dagboek.
Hij rent over straat.
'Daar is de dief!' roept Kato.
De politie grijpt de man.
Hij moet in de cel.

De man grijnst naar Kato.
'Ik krijg je wel!' sist hij.
Kato schrikt wakker.
Ze is nat van het zweet.
Rotgeheim, denkt ze.
Ik wil geen geheim meer!

5. Ruzie

'Wat zie je eruit!' zegt mam.
'Heb je slecht geslapen?'
'Nogal,' zegt Kato.
Ze roert in haar thee.
'Heb je geen honger?' vraagt mam.
'Ik heb geen trek in ontbijt.'
Kato staat op.
'Ik ga, mam.'
'Nu al?'
'Ik heb met Loes afgesproken.'
Kato geeft mam een zoen en trekt haar jas aan.

Elke morgen belt ze bij Loes aan.
Dan fietsen ze samen naar school.
Kato aarzelt.
Ze belt toch aan.
Loes' mama kijkt verbaasd.
'Loes is al vertrokken.
Ze zei dat je vandaag niet naar school kwam.'
Kato wordt vuurrood.
'O ja?'
'Ja.'
'Bedankt,' stamelt ze.
Dan fietst ze weg.
Boos.
Kato is boos.
Wat is er met Loes?
Waarom liegt ze tegen haar moeder?

Waarom doet ze zo raar?
Kato trapt zo hard ze kan.
Daar is de school al.
Ze ziet Loes staan.
'Hé Loes!' roept Kato.
Maar Loes draait zich om en wandelt weg.
Kato gooit haar fiets neer.
Ze rent achter Loes aan.
'Wacht op mij!' roept ze.
Maar Loes kijkt niet om.
Kato rent tot ze bij haar vriendin is.
'Wat is er nou?
Waarom doe je zo raar?' hijgt ze.
Loes kijkt Kato in de ogen.
'Je hebt in mijn dagboek gelezen,' sist ze.
'Dat is verraad!
Ik ben je vriendin niet meer!'
Loes draait zich om en beent met grote passen
weg.
Kato blijft staan.
Stokstijf.
Als aan de grond genageld.
Ze kan geen woord meer uitbrengen.

6. Alleen

Kato voelt zich rot.
Ze wil naar huis.
Weg van school.
Het is veel te druk op het schoolplein.
Iedereen rent en joelt.
Iedereen heeft pret.
Behalve zij.
Ze staat alleen bij de grote boom.
Loes is boos op haar.
Ze heeft geen woord meer tegen haar gezegd.
Ze heeft zelfs niet meer naar haar gekeken.
Loes staat nu bij Mees, Douwe en Joni.
Ze lachen.
Kato wordt rood.
Ze schaamt zich.
Ze had het niet mogen doen.
Ze had niet in het dagboek mogen lezen.

Kato fietst alleen naar huis.
Ze schopt thuis haar schoenen uit en gooit haar
schooltas neer.
'Hoi,' roept pap vrolijk.
Kato antwoordt niet.
Ze rent de trap op.
Naar haar kamer.
Alleen.
Ze kan wel huilen.
Wat moet ik nu? denkt ze.

Ik heb geen beste vriendin meer.

Ze haat me.

Pap klopt op de deur.

'Binnen.'

Paps hoofd verschijnt om het hoekje.

'Alles goed?' vraagt hij.

Kato probeert te lachen.

'Ik ben moe,' zegt ze.

Pap knikt.

'Ik begrijp het,' zegt hij.

'Ik zal vanavond iets lekkers koken.

Puree met spruitjes?'

'Jakkes,' zegt Kato.

Pap lacht.

'Frietjes dan?'

'Ja, lekker.'

Hij knikt.

'Dan ga ik maar.'

Hij trekt de deur zachtjes dicht.

Kato zucht.

Hij begrijpt het niet, denkt ze.

Hij snapt er niks van.

Ze heeft een vriendin verraden.

Ze kent haar geheim.

Loes' vader zit in de gevangenis.

Ze wil natuurlijk niet dat iemand het weet.

Ze is bang dat haar geheim uitlekt.

Daarom is ze boos.

Daarom wil ze niet met Kato spreken.

Kato veert plots omhoog.

Dat is het, denkt ze.

Het geheim van Loes lekt niet uit.
Het is veilig bij haar.
Ze vertelt het aan niemand.
Dat moet Loes weten.
Ze moet weten dat ze Kato kan vertrouwen.
Kato rent de gang op en grijpt de telefoon.
Ze toetst het nummer van Loes in.
'Hallo?
Dag mevrouw.
Is Loes daar?'
Het blijft even stil aan de andere kant.
'Sorry,' zegt de mama van Loes dan.
'Loes is boos op je.
Ze wil nu niet met je spreken.'
Kato laat de hoorn uit haar hand vallen.
Er rolt een traan over haar wang.

7. De brief

Mam klopt op de deur.
Kato antwoordt niet.
Haar ogen zijn rood van het huilen.
'Kom je nou, schat?
Pap heeft frietjes gemaakt.'
'Ik heb geen honger.'
Mam komt de kamer binnen.
Ze kijkt bezorgd.
'Geen honger?
Anders bega je een moord voor friet!'
Mam gaat bij Kato op bed zitten.
'Wat is er?
Je hebt gehuild.'
Kato barst in snikken uit.
Mam streelt over haar rug.
'Wat is er toch?'
'Ik heb ruzie met Loes,' snikt Kato.
'Loes haat me.
Ze wil me nooit meer zien.'
Mam schudt het hoofd.
'Ach kind,' sust ze.
'Iedereen maakt weleens ruzie.
Ook vriendinnen.
Het waait wel over.'
'Niet waar,' snottert Kato.
'Het gaat niet over.
Nooit.
Ze haat me echt.'

Mam houdt Kato in haar armen.
Ze laat Kato uithuilen.
'Kom toch eten,' zegt ze dan.
'We bedenken wel iets.'
Kato gaat mee naar beneden.
Pap schrikt.
Hij wil vragen wat er scheelt.
Maar mam houdt hem tegen.
Ze geeft hem een teken dat hij haar met rust moet
laten.
Ze eten in stilte.
'Waar hebben jullie ruzie over?' vraagt mam dan.
'Ik heb iets stoms gedaan.'
Kato wil niet te veel zeggen.
Ze wil het geheim niet verraden.
Mam knikt.
'Je moet haar een brief schrijven,' zegt ze.
'Een brief?'
'Ja.
Een brief waarin je "sorry" zegt.
Sorry, omdat je iets stoms hebt gedaan.'
Kato denkt na.
Dat is best een goed plan van mam.
Een brief.

Ze gaat voor een wit blad zitten.
Wat zal ze schrijven?
Beste Loes.
Nee: lieve Loes.

Lieve Loes,
Het spijt me.
Ik had niet in je dagboek mogen lezen.
Dat was hartstikke fout van me.
Ik zal het nooit meer doen.
Ik zal je geheim niet verraden.
Ik beloof het.
Wil je weer vrienden worden?

Kato leest de brief na.
'Sorry', schrijft ze er nog onder.
En haar naam, natuurlijk.
Ze vouwt het blad dubbel.
Op de envelop schrijft ze: 'voor Loes'.

Het is al donker.
Kato fietst door de straat.
Ze steekt de brief door de gleuf van de voordeur.
Pats.
De brief valt op de mat.
Goed zo.
Ze fietst terug naar huis.
'En?' vraagt mam.
'Is het gelukt?'
Kato knikt.
'Heb je de brief aan Loes gegeven?'
'Nee,' antwoordt Kato.
'Ik heb de brief in de bus gedaan.'
'Ook goed,' knikt mam.
'Morgen zijn jullie vast weer vrienden!'
Kato zucht.

Ze hoopt dat mam gelijk heeft.
Maar helemaal gerust is ze er niet op.
Ze komt die avond weer moeilijk in slaap.

8. Weer vrienden?

De volgende morgen is Kato vroeg wakker.
Ze springt uit bed.
Ze poetst snel haar tanden.
Even later staat ze al in de keuken.
Ze graait een boterham van tafel.
'Heb je haast?' lacht pap.
'Doei!' roept Kato.
'Ja, ze heeft haast,' lacht mam.
Kato springt op haar fiets.
Ze spurt naar Loes' huis.
Plots gaat ze langzamer fietsen.
Stel dat Loes nog boos is.
Stel dat ze de brief niet heeft gelezen.
Stel dat ze het niet goed wil maken.

Daar is het huis van Loes.
Zou ze aanbellen?
Of toch maar niet?
Kato aarzelt.
Nee, denkt ze.
Toch maar niet.
Ik ga niet bellen.
Maar net als ze verder wil fietsen, gaat de deur
open.
Loes stapt naar buiten.
Kato schrikt en verstijft.
De twee meisjes kijken elkaar aan.
Kato wordt knalrood.

Loes zegt niets.

Dan draait Kato zich om en fietst weg.

De tranen springen in haar ogen.

Loes is nog altijd boos, denkt ze.

'Wacht!' roept Loes.

Kato remt.

Ze draait zich om.

Loes glimlacht.

'Fietsen we samen naar school?' vraagt ze.

Kato knikt.

Ze lacht naar Loes.

Loes lacht terug.

'Zijn we weer vrienden?' vraagt Kato.

Loes knikt.

Ze fietsen samen naar school.

Als twee echte vriendinnen.

9. Praten of zwijgen

Het is woensdag: een hele middag vrij.
Kato belt bij Loes aan.
'Hoi,' zegt Loes.
'Hoi,' zegt Kato.
'Zullen we met de computer spelen?'
Ze rennen de trap op.
Kato is blij dat ze weer vrienden zijn.
Ze heeft lang nagedacht over het geheim van Loes.
Ze kent nu haar geheim.
Zouden ze er dan over kunnen praten?
Wie weet, wil Loes dat wel.
Wie weet, wil ze haar hart weleens luchten.
Maar misschien ook niet.
En Kato wil niet weer ruzie met haar.
Als ze nou eens probeert bij Loes ...?
Heel voorzichtig.
'Loes?' vraagt ze.
'Ja?'
'Ik zie je vader nooit.'
'Ach, die is altijd weg voor zijn werk.'
'Echt waar?'
'Hij zit vaak in het buitenland.'
'Echt?'
'Ja, in Zweden en Finland.
Hij heeft beloofd dat ik eens mee mag.
Met Kerstmis of Pasen.'
'Goh,' zegt Kato.
'Zo'n vader wil ik ook wel.'

'Nee, dat wil je niet!' zegt Loes fel.
'Het is echt niet leuk, hoor.
Ik zie hem maar af en toe.
En dan is hij meestal te moe om iets leuks te doen
samen.
Jij hebt geluk.
Jouw vader is bijna altijd thuis.'
Hij zit ook niet in de gevangenis, denkt Kato.
Ze zegt het bijna, maar durft niet.
Loes wil er niet over praten, denkt ze.
Ze zal er maar over zwijgen.
Dat is beter.

De meisjes spelen de hele middag samen.
Over het geheim wordt niet gesproken.
Toch zit het Kato dwars.
Het geheim laat haar niet los.

10. Een geheim delen

'Fijn dat jullie weer vriendinnen zijn,' zegt mam.
Kato knikt, maar niet van harte.
Mam ziet dat ze ergens over piekert.
'Of hebben jullie weer ruzie?' vraagt ze.
'Nee hoor,' antwoordt Kato.
'Maar ...'
Dan zwijgt ze.
'Maar wat?' vraagt mam.
Kato wil het geheim van Loes niet verraden.
Maar ze kan ook niet blijven zwijgen.
Ze moet er met iemand over praten.
'Mam?' vraagt ze.
'Ja?'
'Als ik jou een geheim van Loes vertel, verraad ik
haar dan?'
Mam denkt even na.
'Het hangt ervan af,' zegt ze dan.
'Van wat?'
'Heb je Loes beloofd dat je haar geheim geheim
ging houden?'
'Nee ... niet echt.'
'Nou dan.
Misschien maakt haar geheim je verdrietig.
Of misschien maak je je zorgen over haar.
Dan mag je het geheim wel delen met iemand die
je vertrouwt.'
Het blijft even stil.
Kato denkt na.

'Beloof je dat je het geheim houdt?'
'Ik beloof het,' zegt mam.
Kato kijkt mam recht in de ogen.
'De vader van Loes zit in de gevangenis.'
'Wat?' roept mam verbaasd uit.
'Je hebt me toch gehoord?
Haar vader zit in de cel.
Hij zit opgesloten achter tralies.'
'Hoe weet je dat?' vraagt mam verbaasd.
'Wat doet dat er nou toe?
Ik weet het gewoon.'
'Heeft Loes het jou verteld?'
'Ja.
Nee.
Ze wil er niet over praten.'
Mam kijkt bezorgd.
'Ik dacht dat hij…'
Maar ze kan haar zin niet afmaken.
Kato begint te huilen.
'Wat is er?' vraagt mam.
'Je gelooft me niet.'
'Toch wel, lieverd.
Ik … ik weet gewoon niet wat ik moet zeggen.
Ik wist het niet.'
'Mag ik nou nooit meer bij Loes spelen?'
'Ach, natuurlijk wel!
Waarom zou je niet meer met haar mogen spelen?'
'Nou … ik dacht dat …'
Maar ditmaal kan Kato haar zin niet afmaken.
Mam valt haar in de rede.
'Ik moet er met de moeder van Loes over praten!'

Ze klinkt vastbesloten.
'Nee!' roept Kato uit.
'Dat mag niet.
Je hebt beloofd dat je het geheim zou houden!'
'Maar …'
'Niks maar!
Je hebt het beloofd!'
Mam knikt.

Dan zucht ze.

'Je hebt gelijk.

Ik heb het beloofd.'

Ze geeft Kato een kus.

'Het is goed dat je 't me verteld hebt,' zegt ze.

'Echt?' vraagt Kato.

'Ja, echt,' zegt mam.

Dan kijkt ze op de klok.

'Al zo laat!

Bedtijd.

Hop, naar boven!'

Kato en mam lachen.

Mam stopt Kato onder.

'Maak je maar geen zorgen,' zegt ze.

'Je geheim is veilig bij me.

Slaap lekker.'

11. Vrij

Vrijdag is Loes in een jolige bui.
Ze maakt de hele tijd grapjes.
Ze lacht om alles.
Zelfs om de flauwe grappen van Piet.
'Wat ben jij vrolijk vandaag!' zegt Kato.
'Ja?
Nou ja, morgen komt papa thuis.'
'Komt hij vrij?' vraagt Kato verbaasd.
'Vrij?
Wat een rare vraag!
Hij komt gewoon thuis uit het buitenland.
Met het vliegtuig uit Finland.'
Kato fronst haar wenkbrauwen.
Ze gelooft het niet.
Loes zegt maar wat, denkt ze.
'We gaan hem halen op Schiphol.
Dat is leuk, joh.
Hij brengt altijd een cadeau mee.
Een verrassing.
Ik ben reuze benieuwd!'
Loes klinkt echt blij.
Zou het dan toch waar zijn?
Wie weet, komt haar vader echt vrij.
Of haar verbeelding slaat op hol.
Kato heeft een idee.
'Mag ik morgen bij je komen spelen?'
'Zaterdag?'
'Ja.'

Loes haalt haar schouders op.

'Ik weet het niet,' zegt ze.

'Waarom niet?'

'Als papa thuiskomt, ben ik graag bij hem.
Dan heb ik geen tijd om met je te spelen.
Als hij niet te moe is, doen we iets leuks.
Dat hoop ik.'

Nu weet Kato het zeker.

Loes liegt.

Haar papa komt niet thuis.

Hij zit vast.

Hij zit in de gevangenis.

Ze wil het alleen niet toegeven.

Wacht maar, denkt Kato.

Ze komt er wel achter.

'Ik wil je papa weleens zien,' probeert ze.

Loes lacht.

'Mallerd.

Je hebt hem toch weleens gezien.'

'Ja, maar dat is lang geleden.

Heel lang.'

Loes lacht weer.

'Waarom wil je mijn vader zien?'

Kato haalt haar schouders op.

'Als ik nou even kom.

Tien minuten of zo.

Heel even maar.

Mag het?'

Loes lacht weer.

'Als je het zo graag wilt.

Goed dan.

Maar niet voor elf uur.
Want dan zijn we nog niet terug van Schiphol.'
'Afgesproken,' zegt Kato.
'Ik kom morgen langs!'

12. Circus

Zaterdag is Kato vroeg wakker.
Ze kan niet wachten om naar Loes te gaan.
Pap is ook al op.
'Wat ben jij vroeg voor een zaterdag!' zegt Kato.
'Mam is jarig!
Dat weet je toch!'
Kato schrikt.
Ze is mams verjaardag helemaal vergeten.
'Kom, we gaan de kamer versieren!' zegt pap.
De hele ochtend zijn ze bezig.
Slingers ophangen.
Ballonnen.
Pap haalt verse broodjes.
'Wat een verwendag!' lacht mam.
Ze is helemaal in haar nopjes.
Kato kijkt op de klok.
Het is al bijna middag.
'Ik moet even naar Loes,' zegt ze.
'Daar is geen tijd voor,' zegt pap.
Hij haalt kaartjes uit zijn zak en lacht.
'Weten jullie wat dit is?'
Mam kijkt verbaasd.
'Kaartjes voor het circus!' lacht hij.
'Wat leuk!' roept mam alsof het een verrassing is.
Ze knipoogt naar Kato.
'Leuk, maar ik moet eerst even naar Loes!' zegt
Kato.
'Daar is geen tijd voor, jongedame.

Het circus begint om twee uur.

Je moet nog douchen en je aankleden.'

'Toe nou!' probeert Kato.

'Geen sprake van.

Ik wil niet te laat komen.

Je ziet Loes al elke dag.'

Kato baalt.

Ze trekt een pruilmond.

'Zet eens een vrolijker gezicht op,' zegt pap.

'Het is mams verjaardag!'

Kato zucht.

Haar hele plan valt in duigen.

Het is tijd om naar het circus te vertrekken.

Kato stapt in de auto.

Ze rijden weg.

'Waarom kijk je zo sip?' vraagt mam.

Kato haalt haar schouders op.

'Wil je Loes zien?' vraagt pap.

De auto stopt bij het huis van Loes.

Kato kijkt verbaasd op.

Mam en pap lachen.

'Weet je wie met ons meegaat naar het circus?'

Kato kijkt nu nog verbaasder.

De voordeur gaat open.

Loes stapt naar buiten.

'Loes?' roept Kato verbaasd uit.

'Niet alleen Loes.'

De mama van Loes stapt ook naar buiten.

Kato kijkt naar mam.

Mam knipoogt.

'Ik heb je geheim echt niet verraden, hoor,'
fluistert ze.
En daar, daar komt de papa van Loes ook naar
buiten.
Kato's mond valt open van verbazing.
Hij stapt achter in de auto.
'Hoi Kato,' zegt hij.
'Dat is lang geleden.
Wat ben jij groot geworden!
Leuk dat we mee mogen naar het circus.'
Kato wordt vuurrood.
Mam glimlacht.
Het was natuurlijk weer haar plan.
Sluwe mam.

Even later zijn ze in de circustent.
Kato en Loes zitten naast elkaar.
'Zat je vader niet in de gevangenis?' fluistert Kato.
'Ik las het in je dagboek.'
Loes kijkt verbaasd.
Dan lacht ze.
'O, nee joh, er staat in dat hij zich in zijn werk
gevangen voelt.
Dat hoorde ik hem zelf zeggen en dat betekent iets
anders.'
Kato zucht.
'Ik dacht echt dat hij in de cel zat.'
'Dat komt ervan als je in andermans spullen
neust.'
'Ik zal het nooit meer doen, Loes.
Ik beloof het.

En ik wil ook geen geheim meer.
Laat anderen maar geheimen verzamelen.
Ik hoef er geen.'
Kato en Loes lachen.
'Kijk,' zegt mam.
'Het circus gaat beginnen.'

Er zijn negen Zoeklichtboeken over Geheim:

*

**

***

Lees ook de Zoeklichtboeken over Vakantie:

*

**

***

  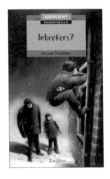

Lees ook de Zoeklichtboeken over Vrienden:

*

**

***